# Devenir Riche En Freelance Sur Le Web: Pourquoi 99% Des Indépendants Echouent Sur Internet Et Comment Rejoindre Les 1% Qui Génèrent Des Revenus A 6 Chiffres.

Copyright © 2015, Remy Roulier

# TABLE DES MATIÈRES

# INTRODUCTION.

Bienvenue dans cette formation qui va vous permettre de comprendre pourquoi 99% des indépendants qui se lancent à monter un business sur le web échouent, et pourquoi seule une infime minorité de 1% réussi à rafler toute la mise.

Vous allez ainsi apprendre les principes et une méthodologie pas-à-pas très détaillée et facile à appliquer, pour vous permettre de démarrer votre business freelance ou le développer à la manière de cette très petite minorité qui génère des revenus à 6 chiffres en ayant du temps pour eux, pendant que les autres arrivent à peine à boucler leurs fins de mois et ont du travail par dessus la tête.

Cette formation se déroule en 4 modules, et voici tout ce que vous allez apprendre.

## Module #1

Dans ce premier module, vous allez comprendre pourquoi 99% des indépendants échouent à bâtir un vrai business qui leur permet de multiplier leurs revenus par 5, 10 ou même 30.

Vous comprendrez pourquoi la très grosse majorité des freelances croulent littéralement sous le travail, et n'arrivent même pas à gagner 2000 euros par mois, et parfois à peine 1000 euros.

Tout est une question de principes et vous allez découvrir ces principes qui sont valables pour n'importe quel type d'activité, que ce soit en ligne ou pas.

**Module #2**

A la fin de ce module, vous serez doté d'un plan de travail en 3 étapes que vous pourrez appliquer pour démarrer ou créer n'importe quelle activité de la bonne manière, c'est-à-dire de la manière qui va vous permettre des revenus bien au delà de ce que vous pourriez espérer avoir si vous faites la même chose que ce que font la moyenne des gens.

Vous découvrirez aussi la façon la plus sûre de réussir quand on démarre et le rapport à avoir avec les choses innovantes.

A ce stade avec ces deux premiers modules, vous aurez un modèle général avec les principes et la méthodologie à utiliser que vous pourrez utiliser à chaque démarrage ou développement d'activité, quelle qu'elle soit.

Les deux autres modules vont être un exemple d'utilisation de ce modèle général, quand on veut par exemple démarrer une activité de service en freelance sur le web dans laquelle on travaille pour des clients (traduction, transcription, programmation, graphisme, création de sites web etc.).

**Module #3**

Dans ce troisième module, vous allez donc voir un plan détaillé pour démarrer un business freelance dans lequel vous travaillez pour des clients, et le faire cartonner avec des résultats bien au delà de ce que la grande majorité ne peut espérer obtenir, tout en ayant le moins de travail à faire possible.

Vous découvrirez les activités en freelance le plus recommandées, et celles qui peuvent comporter des risques.

Vous apprendrez aussi à gérer la croissance de votre activité, sans avoir pour autant plus de travail à faire, et découvrirez les meilleures plateformes pour faire sous-traiter l'exécution du travail tout en gardant une flexibilité qui s'adapte instantanément à votre charge de travail.


**Module #4**
A la fin de ce dernier module, vous saurez exactement comment faire la promotion de votre activité freelance et trouver des clients sans même avoir besoin de faire de publicité.

Vous y découvrirez aussi une technique qui a changé la vie d'un grand nombre d'indépendants, et qui va vous permettre d'obtenir trois fois plus de devis qu'avant.

Vous saurez comment créer une crédibilité instantanée avec vos clients qui auront envie de vous choisir dès le premier contact, en laissant loin derrière vos concurrents.


A la fin de cette formation, vous serez totalement indépendant et vous posséderez tous les outils pour monter et développer votre business d'indépendant sur le web (ou ailleurs).

Vous vous expulserez ainsi de la moyenne qui souffre à boucler ses fins de mois et qui croule sous des montagnes de travail, pour rejoindre l'extrême minorité des indépendants qui a compris la logique de création d'un business pour avoir le moins de travail possible à faire tout en générant des revenus à 6 chiffres.

Tout démarre maintenant, dans le premier module.

## MODULE #1: POURQUOI 99% DES INDÉPENDANTS ÉCHOUENT ET PRINCIPES DE RÉUSSITE

A la fin de ce module, vous comprendrez pourquoi 99% des indépendants ont du mal à gagner plus de 1000 ou 2000 euros par mois et sont submergés de travail, alors qu'une extrême minorité ayant pourtant les mêmes compétences génèrent des revenus 10 à 20 fois supérieurs tout en travaillant moins.

Vous aurez la connaissance de ces principes de réussite que vous pourrez utiliser dans n'importe quelle activité que vous décidez de monter, qu'elle soit sur le web ou en dehors.

## *Les 2 profils de personnes qui travaillent sur le web.*

Il y a réellement deux profils de personnes qui travaillent sur Internet.

D'un côté, vous avez ceux qui ont tout essayé et pour qui rien ne réussi.

Ils vont ainsi passer d'une activité à une autre dès qu'ils rencontrent un obstacle ou qu'ils se rendent compte que ça ne marche pas, sans jamais réussir à vraiment gagner de l'argent en tant que freelance.

D'un autre côté, vous avez ceux qui ont tout essayé et pour qui tout réussi.

Pourtant, ils n'ont pas plus de compétences que les autres, pas plus de moyens financiers et ne sont pas plus intelligents. Parfois même, ils utilisent des techniques un peu comme des amateurs, mais ils réussissent quand même.

Par contre, il est très rare de trouver des personnes qui ont échoué dans tout et qui soudain réussissent de manière phénoménale dans une activité particulière. C'est en général soit tout l'un, soit tout l'autre.

Comment font alors les gens qui réussissent systématiquement dans n'importe quelle activité indépendante et génèrent des revenus qui n'ont rien à voir avec la très grande majorité qui peine à boucler ses fins de mois ?

Ce qu'il faut savoir, c'est que la technique utilisée ou l'activité choisie pour essayer de gagner de l'argent et réussir de manière spectaculaire n'est pas du tout le plus important. Ça ne constitue qu'à peine 20% de la réussite.

Ce qui compte à 80% dans le succès en freelance, c'est tout l'aspect psychologique. C'est ce qu'on a dans la tête et la façon dont on travaille sur ses projets.

Il n'y a en effet pas de stratégie, ou de technique, ou de domaines qui vont faire que vous allez réussir ou échouer. C'est ce que vous avez dans la tête, la manière dont vous travaillez.

Vous allez maintenant découvrir ces principes et mécanismes qui vont radicalement changer la façon dont vous avez vu les choses jusqu'à présent, et vous faire sortir de ce que fait la moyenne qui peine à gagner sa vie.

## Monter son business selon le modèle en 3 strates d'une entreprise.

Le problème de la très grande majorité des indépendants qui échouent est qu'ils vont reproduire leur façon de travailler lorsqu'ils étaient salariés dans leur nouveau travail de freelance.

Ce modèle là est le pire que vous puissiez faire.

Il vous mènera dans la même situation que l'immense majorité des indépendants qui n'arrivent pas à faire décoller leur entreprise et qui gagnent des miettes tout en croulant sous le travail.

A la place, il faut que vous pensiez votre business selon le modèle en 3 strates d'une entreprise.

Il faut que vous pensiez votre business réellement comme un chef d'entreprise, et non plus comme un salarié où vous êtes votre propre patron.

Et c'est ce qui fait toute la différence.

En effet, dans chaque entreprise, il y a trois types d'activités, que l'on peut représenter sous la forme d'une pyramide :

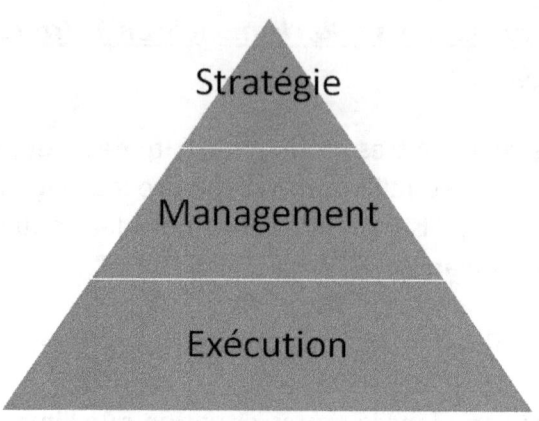

La première strate est l'**exécution**.

C'est le coeur de métier où les exécutants font le travail.

Par exemple pour le cas du métier de traducteur, c'est l'activité dans laquelle ils vont prendre le texte de la langue d'origine et le transformer dans la langue de destination. Dans le cas d'un graphiste, ça serait de créer des logos, et dans le cas d'un blogueur d'écrire des articles.

La deuxième strate est le **management**.

Les managers ont pour but de faire de l'efficacité, d'organiser le travail et gérer le planning des exécutants pour qu'il soit le mieux fait possible et le plus rapidement possible.

La troisième strate est la **stratégie**, ou le leadership.

C'est le rôle le plus important et c'est celui du stratège, du patron, du chef de l'entreprise. Il consiste en l'établissement de stratégies pour développer votre business et le rendre plus rentable.

Par exemple, c'est lui qui a la charge de décider le type de produit ou d'offre à lancer, le type de clients à cibler, la manière de trouver des clients etc.

Le gros problème de beaucoup d'entrepreneurs, c'est qu'ils vont s'arrêter à faire le travail d'un exécutant, sans avoir le temps de faire autre chose que ça.

La moyenne des freelances s'arrête hélas seulement à ça, et ce constat est valable quelle que soit la thématique de l'activité (programmation, design, saisie, traduction, rédaction, etc.).

En revanche, les gens qui cartonnent se sont débrouillés pour faire sous-traiter l'exécution et parfois même le management, pour ne faire uniquement que le rôle du stratège.

Cette différence est capitale et si vous avez compris ça, vous aurez déjà des résultats meilleurs que la moyenne.

En effet, vous ne pouvez pas dépasser le salaire d'un salarié si vous vous arrêtez uniquement à l'exécution, car l'exécution seule ne suffit plus lorsque vous devenez entrepreneur.

Lorsque vous devenez indépendant, vous devez oublier votre statut de salarié pour passer immédiatement dans une structure où il y a tout ce qu'il y a dans une entreprise avec les deux strates supplémentaires que sont le management et la stratégie.

Vous allez donc voir comment vous débrouiller pour ne faire que la stratégie, et faire sous-traiter l'exécution et le management par d'autres. C'est la clé pour propulser et réussir votre business.

Une fois que vous avez compris ça, vous allez travailler différemment dans n'importe quelle thématique. Vous allez faire des choix différents, structurer les choses différemment, travailler d'une façon différente qui est la seule façon qui peut vous apporter des résultats.

## *Comment appliquer la fameuse règle des 80/20 pour tout changer.*

La plupart des indépendants qui se lancent dans un business ont tendance à copier ce que fait la moyenne des gens qui font la même chose.

Pire que ça, ils vont même aller discuter sur des groupes Facebook, des forums ou des rencontres avec des gens de leur thématique qui sont dans la moyenne.

Ils vont ainsi demander des conseils à la moyenne, et vont ainsi tendre à obtenir les mêmes résultats moyens qu'eux.

En effet, il existe cette loi de Pareto, ou loi des 80/20, qui consiste à dire qu'il y a toujours une petite minorité qui réussi mieux que tout le reste.

Cette loi est présente partout et est valable dans tous les domaines de la vie.

Par exemple, il y a très probablement une minorité de vêtements que vous portez dans votre armoire à vêtements, et vous ne mettez jamais la majorité.

De même, il n'y a certainement que 10 ou 20% de vos contacts téléphoniques que vous appelez, et n'appelez presque jamais les 80 autres pourcents.

Il en est exactement de même dans n'importe quelle thématique, où vous avez 10 à 20% des entreprises ou des indépendants et qui raflent 80 ou 90% du marché.

De la même façon, il y a 20% des pays qui produisent 80% de la richesse. On retrouve ce déséquilibre absolument partout.

Une fois que vous comprenez ce principe du 80/20, vous comprenez que vous ne pouvez plus vous inspirer de la moyenne et aller demander conseil à la moyenne.

Vous comprenez que dans n'importe quelle thématique ou domaine qui dépasse largement le business, il y a toujours une minorité qui s'en sort non pas mieux mais extrêmement mieux, et qui obtient la majorité des résultats.

Vous comprenez alors qu'il faut uniquement aller voir ce que font les meilleurs, et recopier ou au moins s'inspirer de ce qu'ils font.

Ceci termine le premier module.

Vous avez compris ici les principes essentiels qui expliquent pourquoi la grande majorité des indépendants échoue ou n'obtient que des résultats moyens, et que seule une très petite minorité réussi extrêmement bien.

Ces principes sont essentiels pour vous permettre de changer radicalement la façon dont vous travaillez, et qui est la seule façon qui peut vraiment vous apporter des résultats.

Vous allez maintenant voir dans le chapitre suivant un plan de travail en 3 étapes que vous pouvez utiliser pour monter un business selon ces principes, dans n'importe quel domaine ou thématique (sur le web ou hors du web).

## MODULE #2: LE PLAN GÉNÉRAL DE TRAVAIL EN 3 ÉTAPES POUR ENTREPRENDRE DANS N'IMPORTE QUEL DOMAINE.

A la fin de ce module, vous connaîtrez un plan de travail général en 3 étapes qui est exactement le même à appliquer quel que soit le domaine dans lequel vous allez vous lancer, ou la nouvelle activité que vous voulez mettre en oeuvre dans votre travail d'indépendant.

Ce plan est un plan général qui fonctionne dans toute activité qu'elle soit sur Internet ou pas.

Ce qu'on verra dans les deux prochains modules est un exemple d'utilisation de ce plan appliqué au démarrage et au développement d'une activité en freelance dans laquelle vous travaillez sur le web pour des clients.

Pour le moment, découvrons ce plan en 3 étapes.

Si vous prévoyez de démarrer votre activité d'indépendant et que vous ne savez pas encore quel domaine choisir, vous verrez aussi dans ce deuxième module les types de domaines les plus sûrs pour réussir au démarrage.

Vous aurez notamment la réponse pour savoir si vous devez chercher des choses innovantes avant de vous lancer ou pas.

## Etape 1: voir ce que fait la minorité qui réussi extrêmement bien.

A chaque démarrage d'un nouveau business ou nouvelle activité en indépendant quelle qu'elle soit, la première des choses à faire consiste à d'abord voir ce que fait la minorité qui réussi extrêmement bien dans cette thématique, et d'ignorer complètement ce que fait la moyenne.

En effet, regarder ce que fait la moyenne risque de totalement vous déformer en vous donnant des mauvaises idées et vous influencer à faire de mauvais choix.

En prenant pour référence le freelance moyen ou le blogueur moyen, vous risquez de vous créer des peurs et des problèmes inutiles et vous faire une montagne de choses pourtant très simples, mais que vous croirez difficiles car vous verrez tout le monde se débattre avec ça.

## *Etape 2: être capable de fournir plus d'efforts au démarrage que n'importe qui d'autre de votre thématique.*

Cette étape consiste alors pour le démarrage à être capable de travailler plus que n'importe qui d'autre de votre thématique.

Vous allez vous donner à 110%, tout en sachant que ça n'est que pour une période de temps réduite à plein régime, souvent de quelques semaines.

Vous allez pendant ces quelques semaines décortiquer tous les mécanismes et la manière dont s'y prend l'extrême minorité qui réussi extrêmement bien, et essayer de répliquer ce qu'ils font pour voir si ça marche pour vous.

Le but à ce stade n'est pas de créer votre propre système, mais simplement de tester, voir si ça fonctionne, et surtout vous mettre dans l'action.

En effet, il ne suffit pas simplement d'analyser les manières de faire des autres sans passer à l'action, il faut aussi les mettre en pratique.

Les gens qui réussissent sont ceux qui sont capables de mettre en pratique chaque nouvelle chose, chaque nouveau petit truc ou astuce qu'ils apprennent, pour voir si ça fonctionne pour eux.

La meilleure façon d'apprendre est de faire, de mettre en pratique, de passer à l'action immédiatement, même si vous savez que le nouveau truc ou la nouvelle chose que vous venez d'apprendre ne va pas vous servir tout de suite.

Mais en mettant en application tout de suite, vous serez sûr de retenir ce que vous venez d'apprendre, contrairement au fait de vous contenter simplement de prendre des notes, car on ne revient que très rarement sur les notes et souvent il faut se remettre dans le bain.

C'est donc la même chose que vous allez faire dans cette deuxième étape.

Pendant deux ou trois semaines, vous allez travailler à 110% pour appliquer les choses au moins une fois et les mettre en place.

Une fois que vous aurez mis tout en place, vous arrivez à la troisième étape.

### *Etape 3: transformer ça en système.*

Une fois que vous aurez tout mis en place une première fois par l'étape 2, cette étape va consister à tout systématiser pour pouvoir se retirer du système et y passer le moins de temps possible.

Le but ici n'est pas de ne plus rien faire. Le but ici est de n'avoir plus qu'un seul travail à faire, et que ce soit uniquement le travail du stratège.

Ainsi, là où la plupart des indépendants sont complètement noyés dans l'exécution sans avoir une minute à eux, vous n'aurez à vous occuper que de la stratégie.

C'est la base de la réussite.

Une fois cette base comprise, vous pouvez l'appliquer sur n'importe quelle nouvelle activité, n'importe quelle nouvelle technique à implémenter, n'importe quelle nouvelle thématique.

Les deux modules qui suivront ne seront qu'un exemple d'application de cette base-là sur le métier de freelance sur le web qui travaille pour des clients.

En effet, vous pouvez tout aussi bien utiliser cette même base pour n'importe quoi d'autre, que ce soit de la boucherie, de la mécanique ou n'importe quel autre travail sur le web ou en dehors du web.

Les indépendants qui cartonnent sont ceux qui ne réfléchissent pas comme des indépendants mais comme une entreprise.

En appliquant cette base, vous allez ainsi au maximum essayer de casser le lien entre le temps et les résultats.

En effet, beaucoup d'indépendants se mettent à leur compte et se retrouvent en position de salariés. La seule chose qui change, c'est simplement qu'ils sont leur propre patron.

Dans cette formation, vous n'allez pas vous contenter simplement d'être votre propre patron, mais d'être un patron et un chef d'entreprise, et ça fait toute la différence.

Prenons un exemple pour mieux illustrer la base que vous venez d'acquérir.

Si vous vous mettez par exemple dans la peau d'un traducteur sur le web.

Plus un traducteur va traduire pour ses clients, moins il va avoir le temps d'en prendre davantage et de penser à sa stratégie.

Et plus il va avoir de clients, plus il est essentiel d'avoir du temps pour penser à la stratégie.

Mais il ne va pas pouvoir le faire car il est surchargé et a la tête dans le guidon en permanence.

Le cercle vicieux s'installe alors car plus il va acquérir de clients, plus il sera lié à son travail de traduction et à ses impératifs de livraison et ne peut pas en sortir.

Par ailleurs, il ne peut évidemment pas vendre plus que 24 heures par jour, donc il aura toujours un plafond à ses revenus ce qui est très gênant pour assurer la pérennité de sa situation à long terme.

En effet quand vous êtes indépendant, il est très important d'avoir des résultats plus élevés que ceux dont vous avez besoin pour vivre au quotidien, car vous n'avez plus de sécurité et vos revenus seront très probablement en zigzag d'un mois à l'autre.

Vous ne devez surtout pas viser le même salaire que lorsque vous étiez salarié, car dès le premier mois où il y aura un problème de rentrée d'argent, vous ne serez plus en mesure de payer le loyer et d'assurer le quotidien.

Vous devez donc viser au minimum deux fois votre revenu d'avant, sinon votre affaire ne sera pas viable sur le long terme.

Pour ça, vous n'avez pas d'autre solution que de casser le lien entre le temps et les revenus.

C'est pourquoi il est extrêmement dangereux d'avoir une activité dans laquelle vous vendez votre temps, car vous atteindrez tôt ou tard un plafond de travail et donc de revenus et vous aurez de moins en moins de temps pour penser à votre stratégie.

Il n'est donc pas possible d'adopter cette démarche pour avoir une vraie indépendance.

En revanche, vous allez pouvoir recruter des gens pour s'occuper de l'exécution et du management à votre place.

Nous en reparlerons en détails dans le module 3.

Voyons voir pour terminer une règle sur les types de domaines les plus sûrs à choisir pour réussir si vous démarrez un business, et savoir si vous devez chercher des choses innovantes ou pas pour vous lancer.

## *Les types de domaines les plus sûrs pour réussir au démarrage, et faut-il choisir des choses innovantes.*

Si vous démarrez totalement votre activité d'indépendant, la réponse à la question de savoir s'il faut choisir des choses innovantes est simplement non.

La raison principale est que ce qui est innovant comporte un risque énorme, surtout quand on débute.

Au contraire, la façon la plus sûre de réussir, c'est de prendre quelque chose qui marche déjà pour d'autres personnes.

Il ne s'agit pas de prendre un domaine ou une activité qui fonctionne de manière extraordinaire, car souvent ce qui marche extraordinairement bien est très concurrentiel.

Par exemple, tout ce qui touche à l'arrêt du tabac ou à la perte de poids fonctionne à merveille, mais la concurrence est extrêmement rude et il est très difficile de se frotter à ces domaines lorsque vous débutez.

En revanche, si vous prenez un domaine "normal" où les gens gagnent leur vie sans pour autant faire des millions, vous allez directement entrer sur ce marché en faisant nettement mieux que la moyenne d'entrée de jeu, car vous aurez créé et bâti un système basé sur ce que font les meilleurs.

Si certains avaient eu connaissance de cette méthode toute simple avant de démarrer leur activité d'indépendant, ils auraient gagné 2, 3 ou même 10 ans d'efforts.

En effet, ils ont fait tout ce que faisait la moyenne qui se débattait pour s'en sortir.

Par ailleurs, beaucoup de gens qui débutent cherchent à analyser les statistiques du domaine où ils veulent se lancer et se demandent souvent :

*"Combien on peut espérer gagner dans ce domaine ?"*

Cette question n'a en fait aucun sens.

La raison est que si on regarde encore une fois les revenus de la moyenne, la somme qu'on "peut espérer gagner" est dérisoire.

Par exemple, si on prend le cas des blogueurs, il y a moins de 5% qui gagnent plus de 100 dollars par mois, et moins de 1% qui gagnent leur vie avec leur blog.

C'est pourquoi la question de savoir "combien on peut espérer gagner" est une question un peu déplacée, vu qu'il y a une disproportion énorme entre ceux qui sont comme la moyenne et qui gagnent un revenu proche de zéro, et l'extrême minorité qui gagne des centaines de milliers d'euros.

Comme nous l'avons évoqué, la disproportion est vraiment de cet ordre là.

L'écart de revenu entre la moyenne et l'extrême minorité n'est pas une pente douce qui monte régulièrement, mais est un gouffre gigantesque brusque, et c'est vrai dans n'importe quel domaine.

Par exemple, prenons le cas d'un salarié.

Lorsque vous regardez ce que gagne en moyenne un salarié, vous constatez qu'à quelques centaines d'euros près, l'énorme majorité gagne à peu près pareil.

Autre exemple, regardez les revenus des blogueurs.

Vous avez une majorité écrasante de blogueurs qui gagnent 50 ou 100 euros par mois. Puis, vous avez une extrême minorité qui va gagner 50 ou 100k euros par mois.

Cette disproportion entre la moyenne et l'extrême minorité qui réussi est tellement gigantesque, que le seul cas où il faut regarder ce que fait la moyenne c'est pour faire l'inverse.

Ainsi, la pire façon d'entreprendre est d'essayer de recopier les codes et les bonnes pratiques pour se faire une place dans la masse.

Si vous faites ça, alors vous allez devenir comme les autres, et obtiendrez les mêmes résultats.

Au risque de choquer, c'est la raison pour laquelle tout ce qui est regroupement de losers façon chambre de commerce, associations ou syndicats d'entrepreneurs est toxique.

En effet, ça va vous infecter avec des idées, des réflexions ou des méthodologies qui sont mauvaises et qui ne vont jamais vous permettre d'atteindre l'extrême minorité qui réussi extrêmement bien.

S'il y a une chose qui peut tout changer, c'est de comprendre cette disproportion immense entre l'extrême minorité qui réussi extrêmement bien et la moyenne.

Ce que vous allez donc faire c'est d'ignorer complètement la masse, et vous inspirer uniquement de ce que fait la minorité qui réussi.

Et que fait l'extrême minorité qui réussi ?

La réponse est simple : toujours la même chose.

Elle s'occupe essentiellement de la stratégie, alors que la grande majorité qui a des résultats proches de zéro ne fait que de l'exécution.

En effet, l'extrême minorité qui réussi ne fait que très peu ou pas d'exécution ou de management, et fait faire le travail par quelqu'un d'autre.

Et même ceux qui créent du contenu (par exemple ceux qui écrivent des articles web ou vendent leur personne en faisant des conférences) et qui ne sont pas remplaçables sur la création de contenu en tant que telle, vont le faire là où ils peuvent faire la différence.

C'est-à-dire sur toutes les tâches d'exécution sur lesquelles ils sont remplaçables, par exemple sur toute l'édition, la mise en ligne, la réponse au support, etc.

Ils protègent ainsi leur temps pour se consacrer à la stratégie.

Ainsi, si vous comprenez ça, cette formation pourrait presque s'arrêter là.

Ceci est le meilleur conseil à donner à quiconque veut se lancer en indépendant. Rares sont les choses plus importantes que ça, et c'est pour ça qu'on insiste ici dessus à nouveau.

Beaucoup d'entrepreneurs cherchent souvent des petites astuces, des petits trucs qui brillent tels que changer la couleur d'un bouton d'achat pour faire un peu plus de ventes aujourd'hui.

Il faut savoir que ce ne sont pas ces petites bricoles qui vont vraiment faire la différence dans votre business car elles ne valent rien sur le long terme.

Ceci termine le deuxième module.

Vous avez maintenant un plan de travail en 3 étapes qui va vous permettre de réussir dans n'importe quel domaine et obtenir les mêmes résultats que l'extrême minorité qui réussi extrêmement bien si vous l'appliquez.

Ce plan de travail fonctionne pour n'importe quelle activité et n'importe quelle nouvelle technique que vous souhaitez mettre en oeuvre dans votre métier d'indépendant, qu'il s'agisse d'activités sur le web ou hors du web.

Vous avez également vu comment bien vous orienter pour choisir un domaine si vous démarrez une activité pour avoir le plus de chances de réussir, et vous savez s'il faut ou non chercher des choses innovantes pour vous lancer.

Ainsi, avec ces deux premiers modules, vous avez acquis une véritable façon de travailler comme l'extrême minorité qui réussi extrêmement bien et vous avez déjà tout ce qu'il faut pour réussir en tant qu'indépendant.

Si vous comprenez ce qui a été dit dans ces deux premiers modules et que vous l'appliquez, ça vaut plus que toutes les techniques, toutes les astuces ou que tous les petits trucs qui brillent que vous pourrez découvrir dans votre parcours, dans les livres ou ailleurs.

On va voir dans le prochain module comment appliquer les principes et le plan de travail général en 3 étapes que vous avez vus dans les modules 1 et 2 à l'activité d'un freelance qui travaille sur le web pour des clients.

## MODULE #3: DÉMARRER ET GÉRER LA CROISSANCE D'UNE ACTIVITÉ FREELANCE.

Dans ce module 3, nous allons utiliser les principes et le plan de travail en 3 étapes vus dans les deux modules précédents pour l'appliquer au cas particulier d'une activité freelance sur le web qui travaille pour des clients.

Il existe énormément de domaines dans ce métier d'indépendant tels que la traduction, le graphisme, la transcription, la programmation, la création de sites web, etc.

Ainsi à la fin de ce module, vous posséderez un plan détaillé pour démarrer un tel business freelance et aussi pour gérer sa croissance comme les 1% qui réussissent extrêmement mieux que la moyenne.

Vous connaîtrez également les activités en freelance les plus recommandées et les points de vigilance à avoir sur certaines autres, afin de vous permettre de faire le choix d'activité le plus judicieux possible si vous vous lancez.

Mais juste avant de voir ça, vous allez découvrir en page suivante les meilleures plateformes pour faire de la sous-traitance quand on est freelance sur le web.

## *Les meilleures plateformes pour faire de la sous-traitance en freelance.*

Il existe de nombreux sites sur lesquels vous pouvez trouver très facilement des gens pour sous-traiter vos tâches d'exécution et de management si vous avez besoin.

Voici une liste des plus populaires :

### Odesk

Cette plateforme n'est vraiment pas chère et va coûter environ 2 dollars de l'heure. Toutefois, elle est surtout bien à utiliser pour des tâches qui n'ont pas besoin de qualification particulière, telles que la saisie. Vous y trouvez en général des gens de pays en développement, ce qui explique les tarifs attractifs.

### Elance

Elance est peut-être un peu plus cher, mais c'est le top en ce qui concerne les gens qualifiés. Vous y trouvez en général des gens de pays développés comme la France ou les Etats-Unis. De plus, vous vous assurez que les sous-traitants sont sérieux car avoir un profil sur ce site est payant.

Vous avez également ces deux autres plateformes : **codeur.com** et **freelance.com**.

## Le plan détaillé pour démarrer un business freelance sur le web comme les 1% qui cartonnent.

Pour créer un business freelance sur le web, l'idée va être de monter une activité basée sur du travail que vous faites sous-traiter sur des sites de freelance.

Le principe pour démarrer est le suivant :

Dès que vous avez votre premier client, prenez 2 personnes en freelance pour faire le travail.

Ce qu'il faut savoir c'est qu'au tout début de votre activité, vous n'allez pas chercher à essayer de gagner un maximum.

L'idée est de "faire votre trou" et de trouver un moyen de faire fonctionner la machine une première fois, même si vous perdez de l'argent au départ. L'idée est donc de tester, en éliminant au maximum les tâches liées à l'exécution.

Prenons un exemple.

Admettons que vous souhaitiez vous lancer dans l'activité freelance de traducteur.

Vous avez un premier client qui souhaite traduire 12 pages de texte en anglais.

Ce que vous allez faire, c'est de prendre 2 traducteurs par exemple sur elance.com, même si ça vous coûte plus cher que ce que le client vous paye.

Si possible, prenez même 3 traducteurs différents sur ce premier contrat.

Vous allez alors comparer le travail fait par chacun de ces prestataires et donner le meilleur travail à votre client.

Vous allez continuer à faire ça sur les premiers clients, en prenant toujours soin de faire faire le travail par 2 ou 3 personnes afin d'avoir une sécurité voir une double sécurité au cas où le cas de l'un ne serait pas au top.

De cette manière au bout de 3 ou 4 clients, vous allez très rapidement voir avec qui vous nouez des liens et avec qui vous souhaitez continuer à travailler.

Vous allez ainsi chercher à valider 3 personnes et au minimum 2 personnes avec qui vous souhaitez travailler par la suite et desquelles vous êtes satisfait du travail.

En effet, lorsqu'on utilise ce genre de système de sous-traitance, il est capital de toujours travailler avec idéalement 3 personnes pour un même travail, afin de faire face aux imprévus éventuels de vos sous-traitants (maladie, prise de congés, occupation sur d'autres tâches etc.).

Ainsi, une fois que vous aurez validé ces trois personnes avec qui vous souhaitez travailler pour le travail de traduction, vous allez faire appel à eux en faisant une rotation.

Par exemple, vous aller donner du travail en permanence à vos sous-traitants mais vous aller envoyer le travail pour le client A à la première personne, le travail pour le client B à la deuxième, celui du client C à la troisième, et à nouveau le travail pour le client D à la première, etc.

De cette manière, vous ne faites pas de cassure dans votre capacité à répondre aux demandes des clients si un jour un sous-traitant n'est plus disponible pour une raison quelconque.

En procédant ainsi, vous éliminez le besoin de faire de l'exécution.

Vous pouvez ainsi casser le lien qu'il y a entre le temps et les résultats, et commencer à croître petit à petit.

Avant de voir comment gérer la croissance de votre activité une fois que vous avez lancé la machine comme expliqué ci-dessus, voyons voir d'abord les activités en freelance les plus recommandées et celles demandant des points de vigilance.

## *Les activités freelances les plus recommandées et celles demandant des points de vigilance.*

Si vous voulez vous lancer en tant que freelance mais que vous ne savez pas encore quel domaine choisir, voici les activités les plus recommandées et celles qui demandent des points de vigilance.

Cela dit, en tant que freelance, vous pouvez toujours travailler dans plusieurs domaines à la fois et en parallèle et n'êtes heureusement pas limités à un seul domaine.

Commençons par les activités demandant des points de vigilance.

Il s'agit de toutes les activités créatives telles que le graphisme, le design etc. La raison est que le travail est vraiment dépendant de la personne en face.

Ainsi, un sous-traitant n'aura jamais exactement le même style qu'un autre.

De ce fait, vous devenez beaucoup plus dépendant d'un sous-traitant donné qui n'est pas remplaçable par un autre, et il y a un risque de ne pas pouvoir honorer une commande le jour où il n'est pas disponible.

C'est pourquoi si vous le pouvez, préférez choisir une activité ne demandant pas de créativité, telle que la programmation, la traduction, la transcription etc.

Il est aussi évident que vous choisirez le type d'activité que vous maîtrisez déjà un minimum à la base, ne serait-ce que pour contrôler que le travail a été fait correctement.

Mais avec une activité non créative, vous avez l'avantage de la sécurité car vous pouvez facilement remplacer et interchanger un sous-traitant indisponible.

Cela dit, il s'agit simplement d'un point de vigilance et pas d'un point bloquant.

Encore une fois quand on est freelance, on a la flexibilité de choisir le domaine que l'on veut, et vous pouvez très bien avoir plusieurs activités dans votre métier de freelance comme c'est d'ailleurs souvent le cas.

Vous allez maintenant voir comment gérer la croissance de votre activité de freelance sur le web.

## *La méthode exacte pour gérer la croissance de votre activité de freelance.*

Lorsque vous aurez mis la machine en marche à l'aide des parties précédentes et que votre activité freelance va commencer à croître en ayant de plus en plus de clients, vous allez avoir besoin de déléguer également les tâches liées au management.

Par exemple sur Odesk, vous pouvez trouver des gens qui ont vraiment l'expérience de la gestion d'équipes et qui peuvent gérer vos sous-traitants en organisant leur travail et en s'assurant qu'il soit fait le plus rapidement possible.

Vous pouvez même trouver des managers qui ont déjà leur propre équipe et qui peuvent à la fois faire le travail d'exécution et de management pour vous.

Il faut savoir qu'un manager est en général payé plus cher et va être responsable de ce qui se passe derrière.

C'est pour ça que lorsque vous travaillez avec un manager, il est très important de faire des processus de vérification, notamment pour la qualité du travail. D'avoir vraiment une méthodologie de travail avec des étapes de vérification.

D'ailleurs, un excellent moyen de faire ça afin de vous faire gagner du temps et du cerveau disponible, consiste à créer une étape dans le processus qui demande aux gens de vous envoyer une capture d'écran, une photo ou un fichier donné.

Par exemple, si une personne est chargée de faire de la saisie et remplir un formulaire, vous pouvez lui demander dans une étape du processus de faire une capture d'écran du formulaire rempli et de vous l'envoyer à votre email.

La seule chose que vous aurez alors à faire sera d'ouvrir votre email et de voir la capture d'écran.

Ce qui est très important, c'est d'avoir un processus très clair.

Plus le processus que vous donnerez aux gens qui travaillent pour vous sera clair et détaillé et inclura des étapes de vérification, et plus vous allez pouvoir vous libérer du temps.

Vous pouvez même ne pas avoir besoin de manager si vous travaillez de cette manière avec plusieurs personnes.

## Les assistants personnels.

Pour pouvez aussi trouver sur des sites comme Odesk des assistants personnels.

Les assistants personnels sont des personnes avec qui vous travaillez et qui peuvent s'occuper de toutes les tâches administratives à votre place.

Ils peuvent même aussi se débrouiller pour recruter et trouver des profils intéressants à votre place.

Si vous ne parlez pas bien anglais, le mieux est de trouver un assistant bilingue français/anglais.

Par ailleurs, il faut souvent tester plusieurs assistants personnels avant de tomber sur le bon.

C'est aussi pour ça que la période de mise en route est celle qui va demander le plus de travail.

Dans ce travail de mise en route, il vous faudra alors être capable de fournir plus de travail que n'importe qui, car c'est là que vous allez faire la différence.

Ensuite, une fois que tout sera mis sur pied, vous allez transformer ça en système.

Ainsi l'objectif, de part l'utilisation de bons processus, d'étapes de vérification et le travail d'un manager ou assistant personnel, est de ne plus avoir à travailler sur autre chose que sur la stratégie.

La stratégie ici va être le système pour ramener des clients dans la machine, et c'est ce qui va faire l'objet du module suivant.

Ceci termine le troisième module.

Vous avez désormais un plan détaillé, clair et précis pour démarrer et développer une activité de freelance sur le web de la même manière que le fait l'extrême minorité qui réussi extrêmement bien.

Vous avez également vu les meilleures plateformes de sous-traitance, ainsi que les domaines les plus recommandés pour démarrer une activité freelance et les domaines sur lesquels il y a des points de vigilance.

Si vous suivez le processus détaillé dans ce module pour créer et développer votre activité, vous pourrez vous débrouiller pour sortir du système afin de ne plus vous concentrer que sur la stratégie, et ainsi faire vraiment le travail d'un chef d'entreprise.

C'est de cette manière que vous réussirez à briser le lien entre le temps et les résultats, et à rejoindre les 1% des freelances qui gagnent des revenus qui n'ont plus rien à voir avec ce qu'obtient la moyenne.

Il reste à voir dans le module suivant comment mener votre travail de stratégie pour ramener des clients dans la machine.

Le module 4 va donc vous montrer en détails tout un système de promotion pour alimenter votre business en clients.

## MODULE #4: LE SYSTÈME DE PROMOTION DE VOTRE ACTIVITÉ FREELANCE.

A la fin de ce module, vous saurez exactement comment mener votre rôle de stratège et comment trouver des clients pour alimenter votre business.

Vous allez d'abord voir un système redoutable qui va vous permettre de trouver des clients sans avoir à faire de publicité.

Puis, vous allez voir un truc tout simple qui va vous permettre de tripler vos devis et de prouver votre crédibilité instantanément.

Enfin, vous verrez comment obtenir des témoignages clients facilement et légalement.

Avec ça, les clients vous choisiront automatiquement plutôt que vos concurrents.

## *Le système redoutable pour trouver des clients sans faire de pub.*

La plupart des freelances ou des gens qui font de la prestation de service perdent un temps fou et font des efforts énormes à prospecter alors que souvent ils n'ont pas besoin de faire de la prospection pour trouver de nouveaux clients.

Par exemple, vous pouvez chercher à vendre un maximum de choses à un nombre réduit de personnes.

Il est beaucoup plus facile de vendre deux fois plus à une seule personne que d'avoir deux fois plus de personnes.

En effet, une personne qui a déjà acheté une fois chez vous a 10 à 20 fois plus de chances de racheter chez vous qu'une personne qui n'a jamais rien acheté.

Par exemple sur Internet, doubler ses visiteurs est la chose la plus difficile, et c'est la même chose pour les indépendants.

Vous n'avez pas besoin d'avoir beaucoup de visiteurs.

Il vous suffit d'avoir un petit site, même une seule page que vous créez avec un outil de création de page comme par exemple Wordpress.

Une fois que vous avez choisi les bons mots-clés et surtout si vous faites du référencement local et que vous n'êtes pas à Paris mais par exemple à Bordeaux, à Nantes ou à Lyon, il suffit que vous ayez un site qui s'appelle graphiste-rennes.com ou photographe-bordeaux.com, et vous n'avez quasiment rien d'autre à faire pour être visible dans les résultats de la première page de recherche.

En effet, le référencement local est quelque chose qui est évident.

Vous allez avoir des visiteurs simplement en mettant une page avec le nom de l'activité et le nom de la ville, et en parlant dans les pages que vous créez du nom de votre activité et du nom de la ville.

Et ensuite, vous pouvez vous débrouiller pour doubler ou tripler vos demandes de devis avec seulement très peu de visiteurs, simplement en travaillant sur la façon dont vous récoltez les demandes de devis ou les demandes d'information qui peuvent amener à une vente.

Et pour ça, il n'y a rien de plus simple.

Il suffit de faire une page de présentation propre dans laquelle vous détaillez votre processus de travail.

Il existe aussi une méthode extrêmement efficace qui a changé la vie de plein d'indépendants et qui va vous permettre de tripler facilement votre nombre de devis.

Il s'agit de la méthode du pack de bienvenue, que nous allons voir en page suivante.

## _Le truc tout simple pour tripler vos demandes de devis et prouver votre crédibilité instantanément._

Comme on vient de le voir, vous allez pouvoir facilement tripler vos demandes de devis et prouver votre crédibilité grâce à la méthode du pack de bienvenue.

Un pack de bienvenue est quelque chose que vous pouvez à la fois mettre sur votre site et envoyer en réponse de chaque email que vous recevez (chaque demande de devis ou de renseignement).

Dans ce pack de bienvenue, vous allez avoir tous les témoignages clients possibles et imaginables.

Il est très simple d'avoir des témoignages clients, et vous verrez exactement comment faire dans la partie suivante pour en obtenir une pile énorme si vous utilisez la technique que vous verrez à chaque client.

Par ailleurs, le but ici n'est pas tellement la qualité des témoignages mais la quantité.

Vous allez ainsi leur envoyer un document PDF qui peut faire 50, 100 ou 200 pages avec des témoignages.

Evidemment, les gens ne vont jamais tous les lire, mais ils vont être impressionnés.

En effet ça va choquer les gens, qui en retour à une demande de devis se retrouvent avec une pile de témoignages comme ça. Ça change radicalement des concurrents d'à côté.

Ce fichier PDF est donc la première chose à mettre dans le pack de bienvenue, et vous pouvez le répliquer sur votre site avec une page avec tous les témoignages.

Vous pouvez également rajouter d'autres choses dans ce pack.

Par exemple, vous pouvez rajouter des références de personnes prestigieuses avec qui vous avez travaillé, des articles de blog ou de presse qui ont parlé de vous, etc.

Vous allez donc constituer un pack avec plein de choses qui amènent de la crédibilité instantanément, et si vous travaillez avec des sous-traitants freelance, vous pouvez même utiliser leur portfolio et montrer ce que les gens qui travaillent pour vous ont fait.

Ce simple pack peut réellement doubler ou tripler le nombre de devis que vous allez recevoir en vous apportant une crédibilité immédiate.

## _Comment obtenir des témoignages clients facilement et légalement._

Vous pouvez commencer à obtenir des témoignages clients dès les premiers clients.

Une fois que vous avez accompli le travail commandé, vous allez envoyer aux clients un lien vers un questionnaire de satisfaction.

Vous pouvez si vous le souhaitez automatiser l'envoi de ce questionnaire en utilisant un service d'envoi d'email automatique tel que Aweber (www.aweber.com), Getresponse (www.getresponse.com) ou encore Icontact (www.icontact.com).

Il suffit simplement d'écrire un email dans lequel vous mettez le lien de votre questionnaire de satisfaction, et le service se chargera pour vous de l'envoyer au moment voulu.

Pour faire le questionnaire, vous pouvez utiliser des services gratuits tels que Google Docs (www.google.com/docs) qui rassemblera automatiquement les réponses dans un fichier xls, ou encore un service dédié tel que Survey Monkey (www.surveymonkey.com).

Vous allez dans ce questionnaire poser des questions telles que _"Qu'est ce que vous avez apprécié ?"_ ou _"Qu'est ce qui pourrait être amélioré ?"_, etc.

Puis vous allez rajouter des questions qui sont tournées de telle manière à ce que les gens parlent de leur expérience avec vous, des résultats qu'ils ont obtenus etc.

A la fin du questionnaire, ajoutez une case vous autorisant à publier les réponses, par exemple :

*"M'autoriser à publier les réponses que vous avez faites."*

ou :

*"M'autoriser à publier de façon anonyme les réponses que vous avez données."*

La plupart vous autoriseront à publier leurs réponses.

Vous pourrez ainsi récupérer des extraits de tous ceux qui ont coché la case et les utiliser comme témoignages clients.

Cette méthode est l'une des plus efficaces pour obtenir des témoignages pertinents et de manière tout à fait légale.

Si vous utilisez ça après chaque client, vous aurez rapidement une pile énorme de témoignages.

Ceci termine ce dernier module.

Vous savez maintenant comment procéder pour mettre en place tout le système de promotion de votre business freelance.

Vous savez comment trouver des clients facilement, sans avoir besoin de faire de publicité.

Vous savez aussi comment obtenir facilement des témoignages clients et mettre en place un pack de bienvenue qui vous permettra de tripler vos demandes de devis et de vous apporter une crédibilité immédiate auprès de vos clients, qui préfèreront vous choisir plutôt que de prendre un de vos concurrents.

Ainsi, gardez en tête que ces modules 3 et 4 ne sont juste qu'un exemple de ce que vous pouvez faire et que les possibilités avec cette nouvelle façon de travailler en indépendant sont quasi infinies.

Vous voyez ainsi qu'une fois que vous avez tout automatisé et mis de côté l'exécution, vous avez tout le temps libre à consacrer à la création d'un vrai système de vente que vous pouvez améliorer en mesurant les résultats à chaque point de ce système.

Vous pouvez ainsi avoir une superbe machine qui peut fonctionner plus ou moins par elle-même.

Et si elle ne fonctionne pas par elle-même, vous pouvez toujours trouver quelqu'un pour faire fonctionner telle ou telle partie, alors qu'avant il fallait que vous soyez physiquement là pour mettre les choses en marche et pour les faire fonctionner.

Vous voyez donc que plus que des techniques, c'est une logique complètement différente que vous avez acquise.

Vous pouvez ainsi reprendre n'importe quel modèle de business en ligne possible et imaginable.

Il vous suffit simplement de refaire sur papier totalement l'organigramme d'une société qui fait une chose particulière, et d'aller trouver les compétences pour faire telle ou telle mission de cet organigramme.

Ainsi, vous pouvez monter absolument n'importe quoi avec ce modèle.

C'est exactement de cette manière que les gens gèrent des entreprises comme ça totalement dématérialisées tout en voyageant, sans avoir de locaux et en faisant des contrats de sous-traitance avec des freelances à l'autre bout du monde.

Le gros avantage est que vous avez également bien plus de flexibilité, car vous pouvez ainsi ajouter ou supprimer des ressources à volonté afin de vous adapter à la charge de travail.

## CONCLUSION.

Cette formation est maintenant terminée.

Grâce aux modules 1 et 2, vous êtes maintenant en mesure de réussir dans votre activité d'indépendant quel que soit le domaine (aussi bien sur le web qu'en dehors du web) comme les 1% de l'extrême minorité qui rafle toute la mise et qui génère des revenus à 6 chiffres.

Vous allez ainsi éviter les erreurs de 99% des entrepreneurs qui échouent ou qui ne gagnent que des miettes.

Puis, grâce aux modules 3 et 4, vous avez vu comment appliquer en détails cette méthodologie pour atteindre un tel résultat dans votre activité de freelance sur le web.

Vous êtes maintenant capable de recopier n'importe quelle structure en mode dématérialisé, et la propulser au même niveau que l'extrême minorité qui réussi extrêmement bien.

Vous pouvez ainsi avoir tout le temps disponible pour réfléchir à la stratégie sans plus vous embarrasser avec le management ou l'exécution comme le fait la très vaste majorité des indépendants qui peinent à s'en sortir financièrement tout en étant pourtant débordés de travail en permanence.

Vous pouvez ainsi parfaitement voyager, si tel est votre souhait, tout en ayant 20 employés, et vous pouvez instantanément adapter la taille de votre structure en fonction de la charge de travail.

Avec le temps disponible dont vous disposez en ayant automatisé un premier domaine d'activité, vous pouvez ensuite reproduire ce même modèle sur un autre domaine, puis sur un autre.

Au final, vous pouvez parvenir à vous créer un véritable empire avec de nombreuses structures ou domaines d'activités qui fonctionnent en pilote automatique, sans n'avoir rien d'autre à faire d'autre que de vous pencher sur la stratégie, tel un vrai chef d'entreprise.

Vous pouvez ainsi ouvrir la voie pour vous bâtir une vraie fortune.

Vous vous ouvrez ainsi des opportunités de développement presque infinies, que vous ne pouviez même pas imaginer lorsque vous aviez la tête dans le guidon, et étiez complètement noyé dans l'exécution.

Je vous souhaite donc un succès total et retentissant en tant qu'indépendant, et vous dis à bientôt, j'espère, pour une nouvelle formation.

## A PROPOS DE L'AUTEUR.

Rémy Roulier est un ancien ingénieur informatique et responsable marketing dans une multinationale.

Il est aujourd'hui auteur best-seller, digital nomad et voyage partout dans le monde, ayant acquis depuis plus de dix ans une véritable expertise dans le marketing internet et le développement personnel.

Il partage aujourd'hui ses outils et son expérience pour permettre aux autres d'atteindre également leur indépendance financière et de façonner leur vie telle qu'ils la désirent vraiment.

## CRÉATIONS DU MÊME AUTEUR.

Voici aussi quelques autres de mes créations qui peuvent vous servir :

*CONTENU DE MASSE POUR VOTRE BLOG:*
*1 HEURE/JOUR POUR CREER 7 ARTICLES, 5 VIDEOS ET 1 PRODUIT CHAQUE SEMAINE ET CREER UN BLOG D'AUTORITE ULTRA RENTABLE.*
Découvrez une méthode radicale et inédite pour devenir un créateur de contenu à 100% et créer 7 articles, 5 vidéos et 1 produit chaque semaine en ne travaillant qu'une heure par jour du Lundi au Vendredi. Commencez immédiatement et voyez votre trafic et vos revenus exploser.

*CREER UN BLOG VIDEO SANS SE RUINER:*
*LA METHODE COMPLETE POUR CREER UN VLOG PRO (EQUIPEMENT, DISCOURS, TOURNAGE, MONTAGE, VIDEO, DIFFUSION) SANS SE RUINER.*
Tout ce que vous devez savoir pour créer un blog vidéo de qualité professionnelle le plus facilement possible, même si vous avez peu ou pas de budget. Laissez-vous guider totalement de l'équipement à la diffusion, et voyez des milliers de fans s'agglutiner et vos ventes exploser par vos vidéos irrésistibles.

***ECRIRE UNE PAGE DE VENTE HYPNOTIQUE:***
***54 MINUTES CHRONO POUR ECRIRE FACILEMENT UN ARGUMENTAIRE DE VENTE FASCINANT ET VENDRE SUR INTERNET COMME UN PRO DU COPYWRITING HYPNOTIQUE.***

Une méthode clés-en-main pour écrire facilement une page de vente hypnotique, et en seulement 54 min. Bien plus puissante que le copywriting ordinaire, utilisez-là pour "forcer" vos clients à acheter vos produits en les plongeant dans un état de transe hypnotique.

***CREER UNE LANDING PAGE QUI CONVERTI:***
***TRIPLEZ VOS VENTES, EXPLOSEZ VOTRE MAILING LIST EN MOINS DE 15 MINUTES AVEC UNE SQUEEZE PAGE OPTIMISEE.***

Une méthode complète pour créer une landing page en partant de rien et obtenir d'entrée de jeu des taux de conversion records à rendre jaloux les meilleurs marketeurs. Evitez les mois de tâtonnements interminables et les centaines d'euros dépensés pour trouver la meilleure version, en prenant ce raccourci tout de suite.

***VENDRE EN VIDEO COMME UN PRO:***
***LA NOUVELLE FAÇON LA PLUS SIMPLE ET RAPIDE DE CREER UNE VIDEO DE VENTE ET PAGE DE VENTE VIDEO QUI CONVERTI.***

Découvrez un système complet et unique en pas-à-pas pour réaliser des vidéos de vente en partant de rien. De l'équipement à la création de votre argumentaire de vente, en passant par les techniques pour amener de la présence et pour minimiser votre temps de montage vidéo, vous saurez comment obtenir des taux de conversion record dignes des meilleurs marketeurs, de la manière la plus simple, rapide, et sans vous ruiner.

*TUNNELS DE VENTE SOCIAUX:*
*GAGNER DE L'ARGENT SUR INTERNET ET DEVENIR RICHE AUJOURD'HUI APRES L'EXPLOSION DES RESEAUX SOCIAUX (FACEBOOK, TWITTER...) ET YOUTUBE.*

Une véritable plongée dans la psychologie de l'acheteur d'aujourd'hui et une méthode pratique qui vous permet de créer un tunnel de vente tel qui fonctionne après l'explosion des réseaux sociaux. Convertissez ainsi sans peine vos prospects en clients, en acheteurs multiples, en fans et en véritables ambassadeurs de vos produits auprès de leurs amis pour étendre votre notoriété comme une trainée de poudre.

*GERER SES EMOTIONS FACILEMENT:*
*LA MAITRISE DE SOI FACILE POUR MOBILISER SES CAPACITES (MOTIVATION, CONFIANCE EN SOI...) A VOLONTE, INSTANTANEMENT.*

Ne plus être esclave de vos états intérieurs (colère, stress, jalousie etc.) n'aura jamais été aussi facile et rapide qu'avec cette méthode qui va vous permettre de retrouver une parfaite maitrise de soi et de mobiliser instantanément n'importe qu'elle capacité.

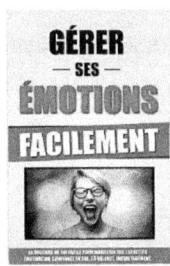

***TROUVER UNE NICHE LUCRATIVE SANS SE TROMPER:
LA NOUVELLE DEMARCHE POUR CREER UN BLOG DANS UN MARCHE DE
NICHE ULTRA RENTABLE ET DEVENIR RICHE DU 1er COUP.***

Tout ce qu'il vous faut pour bien choisir votre marché de niche pour être sûr de réussir, et ne pas commettre les erreurs des débutants qui se retrouvent ruinés au bout de 6 mois ou 1 an car ils ont choisi leur marché de niche en se basant sur les mauvais critères.

***LA COMMUNICATION EFFICACE EN 60 MINUTES CHRONO:
DECOUVREZ LES TECHNIQUES SECRETES DE LA COMMUNICATION VERBALE ET
NON VERBALE POUR BRILLER DES CE SOIR.***

Devenez un pro de la communication dans tous ses aspects, aussi bien verbale que non verbale, en seulement 60 minutes chrono. Une solution clés-en-main, facile, pour résoudre définitivement tous vos problèmes de communication sans y passer des mois ou des années!

***LA MEMOIRE FACILE INSTANTANEE:***
***AMELIORER SA MEMOIRE, MEMORISER COMME UN CHAMPION DES CE***
***SOIR SANS RIEN OUBLIER ET SANS EFFORTS.***
Des exercices et stratégies faciles qui vont vous permettre d'utiliser vos différentes mémoires à plein régime et mémoriser sans peine autant d'informations que vous voulez...instantanément et sans les oublier, comme le font les champions de la mémorisation.

***TITRES QUI VENDENT:***
***DANS 47 MINUTES VOUS ECRIREZ DES TITRES FACEBOOK, ADWORDS,***
***BLOG, PAGE DE VENTE, EMAIL COMME UN PRO DU COPYWRITING!***
Découvrez les secrets et les 101 meilleurs templates pour créer des titres chocs qui vont vous rapporter (très) gros, et acquérir les compétences des meilleurs copywriters en seulement 47 minutes!

*VAINCRE SA TIMIDITE:*
*LA METHODE CHOC DES EXPERTS EN CONFIANCE EN SOIR POUR SORTIR*
*DE L'ENFER DE LA TIMIDITE FACILEMENT ET RAPIDEMENT.*
Enfin une méthode pas-à-pas qui vous permet de vous libérer de votre timidité pour toujours, et d'obtenir ce magnétisme personnel que vous avez peut-être toujours cru réservé aux autres, tout ça rapidement et facilement.

*SYSTEME AFFILIATION:*
*LA NOUVELLE FAÇON POUR ENFIN VIVRE DE SON BLOG PAR*
*L'AFFILIATION ET DEVENIR RICHE SANS CRÉER UN SEULPRODUIT.*
Ce redoutable système d'affiliation est la preuve que l'affiliation fonctionne toujours à merveille pour les rares initiés qui savent l'utiliser de la bonne manière. Mettez enfin en place en seulement quelques jours une véritable machine à générer des revenus passifs sans jamais avoir à créer le moindre produit ni vous occuper du service après vente.

*ECRIRE UN EBOOK IRRESISTIBLE EN UN WEEK-END:*
*LA NOUVELLE METHODE POUR ECRIRE UN LIVRE QUE LES LECTEURS*
*ADORENT, PRET A VENDRE LUNDI MATIN.*

Laissez-vous guider par une procédure simple et d'une efficacité redoutable pour créer en seulement un week-end un ebook que les gens vont s'arracher, même si vous n'êtes pas expert dans un domaine.

***DEVENIR RICHE EN 42 JOURS:***
***LA METHODE PAS-A-PAS POUR.GAGNER DE L'ARGENT SUR INTERNET ET VIVRE SES REVES EN PARTANT DE RIEN.***

Une méthode prouvée qui vous guide pas-à-pas et vous permet d'atteindre votre indépendance financière en 42 jours grâce à Internet, même si vous démarrez actuellement de rien. Un must à ne pas manquer.

***COMMENT SE CONCENTRER COMME EINSTEIN:***
***LE SECRET DES ETUDIANTS PARESSEUX POUR DECUPLER LA CONCENTRATION ET***
***LA MEMOIRE AVEC LA TECHNIQUE DU DOCTEUR VITTOZ.***

Ce best seller dans le top 100 des meilleures ventes d'Amazon vous montrera la technique jadis utilisée par Einstein qui vous donnera le pouvoir de vous concentrer sur ce que vous voulez aussi longtemps que vous voulez.

**COMMENT REUSSIR VOS EXAMENS:**
*LE POUVOIR INEGALE DE LA DYNAMIQUE MENTALE POUR FINIR PREMIER DANS VOS ETUDES ET EXAMENS EN ETANT PARESSEUX.*

Réussissez dès maintenant vos examens et vos études en découvrant la technique secrète utilisée par les plus grands sportifs internationaux. Spécialement adaptée ici à la réussite aux examens par des médecins et psychologues, elle vous propulsera parmi les meilleurs étudiants sans avoir à étudier davantage.

**ACUPRESSION DE SECOURS:**
*SUPPRIMEZ IMMEDIATEMENT LE STRESS, LE MAL DE TETE, LE TROU DE MEMOIRE PENDANT UN EXAMEN AVEC VOTRE DOIGT.*

Soulagez vos douleurs et malaises immédiatement dès que vous en avez besoin et empêchez-les de vous faire rater un oral, un examen ou tout moment important de votre vie. 100% pratique, très clair et simple, ce livre est très certainement le meilleur investissement que vous puissiez faire pour votre santé et votre succès.

***LA LECTURE RAPIDE EN 60 MINUTES CHRONO:***
***DOUBLER (OU TRIPLER) VOTRE VITESSE DE LECTURE N'A JAMAIS ÉTÉ***
***AUSSI FACILE!***

Utilisez les meilleures techniques des lecteurs les plus rapides pour augmenter votre vitesse de lecture de 100% dès aujourd'hui.

***LA RELAXATION ZEN PROFONDE:***
***LA VOIE ROYALE POUR LA LIBERATION EMOTIONNELLE ET LE LACHER***
***PRISE.***

L'outil parfait pour aborder les situations du quotidien sereinement, et reprendre le contrôle de votre vie et de vos émotions dans le lâcher prise.

***NUTRITION DETOX:***
***BIEN MANGER POUR UNE VIE DE PURE ENERGIE, FORME ET SANTE.***

Plus jamais vous ne vous empoisonnerez à la malbouffe, et apprendrez les principes alimentaires qui vous redonnerons une énergie et une qualité de santé au-delà de vos espérances tout en vous faisant économiser des dizaines d'euros tous les mois.

*LE MIND MAPPING FACILE:*
*MEILLEURE MEMOIRE, PRISE DE NOTE RAPIDE, BRAINSTORMING,*
*GESTION DE PROJET SANS EFFORT AVEC LES MIND MAPS.*
Le Mind Map (ou carte heuristique) va révolutionner votre vie et votre mémoire en termes gain de temps, d'organisation et d'efficacité par un système puissant et redoutable de prise de notes et d'organisation de l'information autour de diagrammes basés sur la manière naturelle dont fonctionne votre cerveau. Un outil à posséder absolument.

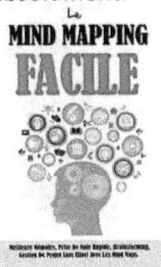

*L'ANGLAIS FACILE AVEC LE MIND MAPPING:*
*COMMENT APPRENDRE L'ANGLAIS ET N'IMPORTE QUELLE LANGUE*
*RAPIDEMENT SANS JAMAIS L'OUBLIER.*
Si vous avez toujours eu du mal avec les langues ou que vous souhaitiez apprendre l'Anglais facilement et rapidement, cette méthode innovante basée sur le Mind Mapping va très certainement vous y aider.

*L'ESPAGNOL FACILE AVEC LE MIND MAPPING:*
*COMMENT APPRENDRE L'ESPAGNOL ET N'IMPORTE QUELLE LANGUE*
*RAPIDEMENT SANS JAMAIS L'OUBLIER.*
La même chose que pour l'Anglais, mais cette fois c'est plutôt si vous souhaitez vous rendre là où les gens parlent Espagnol et apprendre cette langue facilement et rapidement à l'aide du Mind Mapping.

*COMMENT SAUVER SON COUPLE EN UNE HEURE:*
*LA NOUVELLE MANIERE POUR EVITER LA RUPTURE AMOUREUSE ET*
*CREER UNE PASSION AMOUREUSE INTENSE.*
Avant de penser à rompre, découvrez d'abord ce programme qui a déjà sauvé la relation amoureuse de plusieurs milliers de couples et évité de grandes souffrances de rupture, en seulement une heure.

www.ingramcontent.com/pod-product-compliance
Lightning Source LLC
Chambersburg PA
CBHW071627170526
45166CB00003B/1224